# IOMEDE,

## *TRAGEDIE*
### REPRÉSENTÉE
POUR LA PREMIERE FOIS
## PAR L'ACADEMIE ROYALE
# DE MUSIQUE.

*Le Lundy vingt-huitiéme jour d'Avril* 1710.

### A PARIS,
Chez CHRISTOPHE BALLARD, seul Imprimeur du Roy
pour la Musique, ruë S. Jean de Beauvais, au Mont-Parnasse.

M. DCC X.
*Avec Privilege de Sa Majesté.*

LE PRIX EST DE TRENTE SOLS.

# PERSONNAGES
## DU PROLOGUE.

VENUS,            Mademoiselle Dujardin.
ZEPHIRE,          Monsieur Chopelet.
UNE GRACE,       Mademoiselle Poussin.

*Troupe de Jeux, & de Plaisirs.*
*Troupe des Peuples de Cythere.*

---

*Noms des Actrices & des Acteurs, chantants dans les Chœurs du Prologue, & de la Tragedie.*

SECOND RANG.        PREMIER RANG.

### MESDEMOISELLES

| | | | |
|---|---|---|---|
| Basset. | Guillet. | D'Huqueville. | Veron. |
| De la Roche. | Boisé. | Laurent. | Tetlet. |

### MESSIEURS

| | | | |
|---|---|---|---|
| Le Jeune. | Alexandre. | Corbie. | Lebel. |
| Courteil. | Verny. | Bertrand. | Buzot. |
| Renard. | Thomas. | Marianval. | Guedon. |
| Cadot. | Desmars. | Perere. | Morand. |
| Mantienne. | Le Myre. | Renard-C. | Du Plessis. |
| Paris. | Grasnet. | Gomerville. | |

*Messieurs* Juliard & Houbeau, *Pages.*

*DIVERTISSEMENT du Prologue.*

## AMOURS.

Messieurs Moreau, Antoine, Maltaire, Brunet, & le petit Javillier.

## LES GRACES.

Mademoiselle Guyot.
Mesdemoiselles Chaillou, le Maire & Menés.

## LES PLAISIRS, ET LES JEUX.

Monsieur Blondy.
Messieurs H-Dumoulin, F-Dumoulin, P-Dumoulin, D-Dumoulin, & Pecourt.

---

On vend le Recueil général des Paroles des Opera, en huit Volumes in-douze. ornez de Planches, 16. liv.

*Le Neuviéme Volume est sous Presse.*

PROLOGUE.

# PROLOGUE.

Le Theatre repréfente l'endroit le plus délicieux de l'Ifle de Cythere. On y voit VENUS fous un Berceau de fleurs. Les Jeux, les Ris, & les Plaifirs font à fes pieds. Les côtez du Theatre font remplis des Peuples de l'ISLE.

### UNE GRACE.

*Ue vôtre fort doit faire envie!*
*Vous trouvez fur ces bords les biens les plus charmants,*
*Les Jeux, & les Plaifirs enchaînent les moments*
*Qui font le cours de vôtre vie.*

### CHOEUR.

*Que nôtre fort doit faire envie!*
*Nous trouvons fur ces bords les biens les plus charmants,*
*Les Jeux, & les Plaifirs enchaînent les moments*
*Qui font le cours de nôtre vie.*

## PROLOGUE.
### VENUS.

*Brûlez de la plus vive ardeur,*
*Vous qui voulez honorer ma puissance.*

*C'est renoncer au vray bonheur,*
*Que de me faire resistance.*
*Brûlez de la plus vive ardeur,*
*Vous qui voulez honorer ma puissance.*

*Je puis pardonner l'inconstance,*
*On y trouve quelque douceur;*
*Mais je regarde avec horreur*
*Une ennuyeuse indifference.*

*Brûlez de la plus vive ardeur,*
*Vous qui voulez honorer ma puissance.*

### CHOEUR.

*Celebrons la Divinité,*
*Qui du vaste Univers fait la felicité.*

### LA GRACE.

*Amour, c'est au secours de tes heureuses flâmes,*
*Que les Mortels doivent un sort charmant:*
*Ah! que leurs jours couleroient tristement,*
*Si tu ne regnois dans leurs ames.*

### CHOEUR.

*Celebrons la Divinité,*
*Qui du vaste Univers fait la felicité.*

## PROLOGUE.
## LA GRACE.

*Les habitants des inconstantes ondes*
 *Sont blessez par tes traits vainqueurs;*
*L'humide froid de leurs grottes profondes,*
*Ne peut les garentir de tes vives ardeurs.*
On danse.

## LA GRACE.

*Les oyseaux dans ces boccages,*
*Par leurs aimables ramages,*
*Nous annoncent moins le jour,*
*Que le pouvoir de l'amour.*

*Qu'ils sont heureux dans ses chaînes!*
*Loin, que leurs tendres soûpirs*
*Expriment les moindres peines,*
*Ils naissent de leurs plaisirs.*

## CHOEUR.

*Celebrons la Divinité,*
*Qui du vaste Univers fait la felicité.*

ZEPHIRE traverse le Theatre par un vol rapide,
 & entre sur la Scene.

## VENUS, à ZEPHIRE.

*Je me plaignois de vous, Zephire,*
*Quoy! dans un si beau jour vous quittez mon Empire?*

## PROLOGUE.
### ZEPHIRE.

*Vôtre pouvoir, & les divins appas*
*De la charmante Flore,*
*M'obligent à voler sans cesse sur ses pas.*
*Déesse, vous n'ignorez pas*
*Tous les soins que l'on doit à l'objet qu'on adore.*

*Flore vient d'embellir de ses dons précieux*
*L'abondante Italie,*
*C'est de ces bords délicieux*
*Qu'un Mortel va partir pour venir en ces lieux.*

### VENUS.

*Quel est-il ce Mortel ?*

### ZEPHIRE.

*C'est le Roy d'Etolie.*

### VENUS.

*Diomede !*

### ZEPHIRE.

*Sa flotte attend les vents heureux*
*Qui doivent le conduire en ces belles retraites.*

### VENUS.

*Je connois ses peines secretes ;*
*Mais, je ne seray point favorable à ses vœux.*

## PROLOGUE.

*Diomede vient à Cythere !*
*Quel deſſein ? prétend-il déſarmer ma colere ?*
*Elle luy portera d'inévitables coups.*
*Zephire, ſuivez-moy, vous m'étes neceſſaire ;*
*Graces, Plaiſirs, éloignez-vous.*

Les GRACES & les PLAISIRS ſe retirent precipitament.

ZEPHIRE ſuit VENUS.

FIN DU PROLOGUE.

# ACTEURS
## DE LA TRAGEDIE.

DIOMEDE, *fils de Tidée, Roy d'Etolie*,
        Monsieur Thevenard.
IPHISE, *Princesse Greque fille de Stenelus, cruë sœur de Diomede.*   Mademoiselle Journet.
DAUNUS, *Roy de cette partie de l'Italie, appellée aujourd'huy la Poüille & la Calabre, & autrefois la Daunie.*
        Monsieur Cochereau.
VENUS.        Mademoiselle du Jardin.
NEPTUNE.       Monsieur Hardoüin.
MINERVE.       Mademoiselle Poussin.
DIONE, *Confidente d'Iphise.*   Mademoiselle Dun.
IDAS, *Confident de Diomede.*   Monsieur Buseau.
ARBATE, *Suivant de Daunus.*   Monsieur Perere.
BELLONE.       Monsieur Mantienne.
DEUX MATELOTTES. Mesd. d'Huqueville, & Veron.
DEUX MATELOTS. M<sup>rs</sup> Perere, & Choplet.
UNE PERSONNE DE LA FESTE, *chantante aux 1. 3. & 5<sup>mes</sup> Actes.*   Mademoiselle DUN.

*Troupes de Grecs, de Peuples d'Argypire; de Tritons, de Nereydes, de Matelots; de Guerriers, d'Habitants des Montagnes, de Bergers & de Pastres; suite de Bellonne; Troupes de Grecs, de Grecques, & de Peuples.*

*La Scene est à Argypire, Ville bâtie par* DIOMEDE, *aujourd'huy Benevent, Comté du Royaume de Naples.*

# DIVERTISSEMENTS
## de la Tragedie.

### PRÉMIER ACTE.
#### GRECS ET GREQUES.

Messieurs Ferand, Blondy, Marcel, & Javillier.
Mademoiselle Prevost.
Mesdemoiselles Chaillou, Milot, Mangot & Dufresne.

### SECOND ACTE.
#### MATELOTS ET MATELOTES.

Monsieur Balon, & Mademoiselle Prevost.
Messieurs P-Dumoulin, D-Dumoulin, Pecourt,
Gautreau, & Pieret.
Mesdemoiselles Lemaire, Menés, de Rochecour,
& Maugis.

### TROISIÉME ACTE.
#### HABITANS DES MONTAGNES.

Monsieur Balon.
Messieurs Blondy, Marcel, Javillier, & Gautreau.

#### BERGERS ET BERGERES.

Monsieur D-Dumoulin, & Mademoiselle Guyot.
Messieurs Germain, H-Dumoulin, P-Dumoulin,
& Pecourt.
Mesdemoiselles le Maire, Dufresne, Mangot,
& de Rochecour.

## DIVERTISSEMENTS.

### UN PASTRE.
Monsieur F-Dumoulin.

### UNE PASTOURELLE.
Mademoiselle Harand.

## QUATRIÉME ACTE.

| | |
|---|---|
| LA DISCORDE. | Monsieur D-Dumoulin. |
| LA TERREUR. | Monsieur F-Dumoulin. |
| LA FUREUR. | Monsieur P-Dumoulin. |

### GUERRIERS.

Messieurs Germain, H-Dumoulin, Ferrand, Marcel, Javillier & Gautreau.

## CINQUIÉME ACTE.

### GRECS ET GREQUES.

Monsieur D-Dumoulin.

Messieurs Ferand, Marcel, & Javiller.

Mesdemoiselles Milot, Mangot & Dufresne.

DIOMEDE,

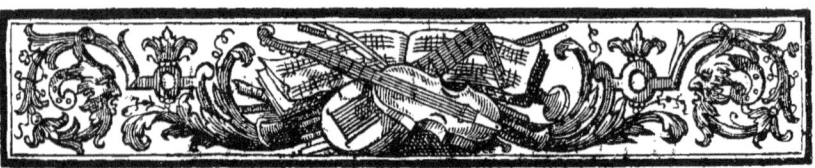

# DIOMEDE,
## *TRAGEDIE.*

## ACTE PREMIER.
Le Théatre représente un Lieu propre à celebrer des jeux.

## SCENE PREMIERE.
### DIOMEDE.

Venus ! quelle est ta rigueur ?
 Si par une funeste erreur,
Mon bras te combatit aux rives du Sca-
 mandre ;
Pour te vanger, devois-tu prendre
Le trait empoisonné qui déchire mon cœur ?
O Venus ! quelle est ta rigueur ?

 Un repentir sincere
Ne sçauroit-il appaiser ta colere ?
Déesse, rend le calme à ce cœur malheureux,
 Ou s'il doit être ta victime,
  Fais-y naître des feux,
 Dont il puisse brûler sans crime.

A

## SCENE SECONDE.
### DIOMEDE, IDAS.

#### DIOMEDE.
As-tu preparé mes vaisseaux ?
#### IDAS.
Ils sont prêts à fendre les eaux.
Mais Seigneur, qui vous force à quitter ce rivage ?
Tout y devroit charmer vos yeux.
Est-il un sort plus glorieux !
Vous ne devez qu'à vôtre seul courage
L'empire de ces lieux.
#### DIOMEDE.
Que je merite peu la suprême puissance !
#### IDAS.
Seigneur, de ce discours que faut-il que je pense ?
D'où peut venir le trouble où je vous voy ?
#### DIOMEDE.
Que je merite peu la suprême puissance !
Je ne sçaurois regner sur moy.
*à part.*
O cruelle Venus, dont j'éprouve la haine,
Fai-moy perdre le jour, ou termine ma peine.
*à IDAS.*
Dans l'Isle de Cythere, Idas, il faut aller :
Mais, si pour soulager la douleur qui me presse,
Mon hommage n'y peut appaiser la Déesse,
Je veux sur ses Autels moy-même m'immoler.

# TRAGEDIE.

### IDAS.

*Pour vous rendre Venus propice,*
*Cedez à de tendres langueurs,*
*La Déeße des cœurs*
*Ne veut point d'autre sacrifice.*
*Pour vous rendre Venus propice,*
*Cedez à de tendres langueurs.*

### DIOMEDE.

*Moy, nourrir dans mon sein des feux que je déteste!*
*Que plûtôt le couroux celeste*
*Me fasse perir à tes yeux.*

### IDAS.

*Dieux! qu'est-ce que j'entends?*

### DIOMEDE.

*Impitoyables Dieux!*
*Ah! que n'ay-je perdu la vie,*
*Lorsque pour l'éloigner des troubles d'Etolie,*
*J'amenay ma sœur en ces lieux.*
*Quel enchantement odieux*
*M'a retenu sur ce fatal rivage?*
*Le soin de calmer ses douleurs...*
*Ses yeux charmants baignez de pleurs...*
*Le couroux de Venus...en faut-il d'avantage,*
*Pour t'aprendre tous mes malheurs.*

A ij

## DIOMEDE,
### IDAS.

L'abſence peut guerir le mal qui vous dévore,
Fuyez, vous ne pouvez Seigneur, trop-tôt partir.

### DIOMEDE.

Fuyons, mais s'il ſe peut, que la Princeſſe ignore
Un départ où ſon cœur ne pourroit conſentir.

Nos Grecs, qui ſur ce bord tranquile,
Aprés de longs travaux trouvent un doux azile,
Par des jeux ſolëmnels celebrent leur bonheur.
Tandis qu'Iphiſe à la fête attentive,
A d'innocents plaiſirs livrera tout ſon cœur,
Eloignons-nous de cette Rive.
Mais, elle porte icy ſes pas!

## SCENE TROISIÉME.
### DIOMEDE, IPHISE, IDAS, DIONE.

#### IPHISE.

SEigneur, nos Grecs unis au Peuple d'Argypire,
Vont celebrer vôtre naiſſant Empire ;
Quel ſpectacle pour vous doit avoir plus d'appas ?

#### DIOMEDE.

Ma Sœur, j'ay trop d'inquietude
Pour voir des fêtes & des jeux ;
Les plaiſirs de la ſolitude
Flatent mieux un cœur malheureux.

## TRAGEDIE.

*Venus, est toûjours inflexible,*
*Rien ne peut calmer son couroux.*

### IPHISE.

*La mere de l'Amour est-elle si terrible ?*
*J'aurois crû que son cœur plus doux*
*Ne devoit se vanger de vous,*
*Qu'en rendant le vôtre sensible.*
*La mere de l'Amour est-elle si terrible ?*

### DIOMEDE.

*Je crains une funeste ardeur,*
*Cette crainte en ce jour augmente encor ma peine;*
*Si Venus séduisoit mon cœur,*
*Je deviendrois victime de sa haine,*
*Je crains une funeste ardeur.*

### IPHISE.

*De l'Amour craindre la vengeance,*
*Et pour luy faire resistance,*
*Vouloir prendre trop de soin,*
*C'est déja sentir sa puissance :*
*Non, la tranquille indifference*
*Ne prévoit pas de si loin.*

### DIOMEDE.

*Non, les plaisirs d'une flâme amoureuse*
*N'adouciront jamais mon destin rigoureux.*
*Que le Ciel, une fois favorable à mes vœux,*
*Chere Iphise, vous rende heureuse ;*
*C'est de luy tout ce que je veux.*

### SCENE QUATRIÉME.
#### IPHISE, DIONE.

##### IPHISE.

Que la douleur qui le possede
Me cause de trouble & d'ennuy.
Helas ! la sœur de Diomede
N'est pas moins à plaindre que luy.

##### DIONE.

De quoy vous plaignez-vous ? le Prince qui vous aime
Va bien-tot paroître en ces lieux,
Dans tout l'éclat qui suit un Roy victorieux :
Il est digne de vous, par son amour extrême ;
Il est digne de vous, par son rang glorieux ;
Et vous êtes tous deux dignes du diadême.

##### IPHISE.

Daunus est Roy, mon frere approuve son ardeur;
Mais quand je vois ce frere accablé de douleur,
Je sens que l'amitié, qui pour luy m'interesse,
Ne permet pas à la tendresse,
De partager l'empire de mon cœur.

## TRAGEDIE.
### DIONE.

*L'amour & l'amitié dans l'ame la plus fiere*
*Ne regnent pas également :*
*La tendresse la plus legere*
*Y triomphe facilement*
*De l'amitié la plus sincere.*

### IPHISE.

*Dione, quelle est ton erreur !*
*Et que tu connois mal mon cœur.*
*L'intrepide Heros à qui le sang me lie*
*Me seroit-il moins cher sans ce sacré lien ?*
*Sa vertu, ses malheurs, la gloire de sa vie*
*A son sort uniroient le mien.*

*Plus il cache les maux dont son ame est atteinte,*
*Plus je sens augmenter ma crainte,*

On entend une Symphonie

*Mais, qu'est-ce que j'entends ?*

### DIONE.

*Ces sons harmonieux*
*Annoncent le Peuple en ces lieux.*
*Voyez la fête.*

### IPHISE.

*Helas ! quelle contrainte !*

## SCENE CINQUIÉME.

IPHISE, DIONE, Troupe de Grecs & de Grecques, Chœur de Peuples.

### CHOEUR.

Une heureuſe tranquilité
Eſt le fruit qu'un heros tire de la victoire ;
Chanter nôtre felicité,
C'eſt celebrer ſa gloire.

De ſa valeur, de ſa bonté,
Conſervons dans nos cœurs l'éternelle memoire ;
Chanter nôtre felicité,
C'eſt celebrer ſa gloire.

*On danſe.*

### UNE PERSONNE DE LA FESTE.

Vous que le bruit affreux des armes
Avoit éloigné de nos yeux,
Amour, revenez dans ces lieux,
Volez, volez, faites briller vos charmes.

Soyez favorable à nos vœux ;
C'eſt trop long-temps ſouffrir vôtre cruelle abſence :
Hâtez-vous, répondez à nôtre impatience,
Volez, Amour, volez, venez-nous rendre heureux.

*On danſe.*

### DIONE.

## TRAGEDIE
### DIONE.

A l'Amour livrons nôtre cœur,
Suivons tous ce charmant vainqueur;
Qui resiste à sa vive ardeur,
   Eprouve sa rigueur.

### CHOEUR.

A l'Amour livrons nôtre cœur,
Suivons tous ce charmant vainqueur;
Qui resiste à sa vive ardeur,
   Eprouve sa rigueur.

### DIONE.

Son carquois est inépuisable,
  De ce Dieu redoutable
  Craignons le trait vangeur.

### CHOEUR.

A l'Amour livrons nôtre cœur,
Suivons tous ce charmant vainqueur;
Qui resiste à sa vive ardeur,
   Eprouve sa rigueur.

### DIONE.

A qui cede, il est favorable,
Il luy donne une chaîne aimable
   Qui fait son bonheur.

### CHOEUR.

A l'Amour livrons nôtre cœur,
Suivons tous ce charmant vainqueur;
Qui resiste à sa vive ardeur,
   Eprouve sa rigueur.

*On danse.*

## DIOMEDE,

### DIONE.

L'Amour a droit sur tous les cœurs,
Quand il veut, il s'en rend le maître.

On ne condamne ses ardeurs
Que faute de les bien connoître.
L'Amour a droit sur tous les cœurs,
Quand il veut, il s'en rend le maître.

On danse.

### CHOEUR.

Une heureuse tranquilité
Est le fruit qu'un heros tire de la victoire ;
Chanter nôtre felicité,
C'est celebrer sa gloire.

De sa valeur, de sa bonté,
Conservons dans nos cœurs l'éternelle memoire ;
Chanter nôtre felicité,
C'est celebrer sa gloire.

## FIN DU PREMIER ACTE.

# ACTE SECOND.

Le Theatre représente une Rade ; on y voit des Vaisseaux prêts à faire voile.

## SCENE PREMIERE.

NEPTUNE sortant de la Mer avec les TRITONS & les NEREYDES.

### NEPTUNE.

JE viens d'apprendre par Zephire,
Que la mere d'Amour
Doit descendre en ce jour
Dans mon heureux empire :
J'ignore le dessein qui l'ameine ici-bas.

Vous, qui reconnoissez ma suprême puissance,
Venez admirer les appas,
Qui dans nos flots prirent naissance.

## DIOMEDE.

*Vents furieux, tyrans des airs,*
*Demeurez enchaînez dans vos prisons profondes;*
*Ne troublez point nos doux concerts;*
*Regnez charmants Zephirs, regnez seuls sur les Mers,*
*Agitez lentement les Ondes.*

## CHOEUR de NEREYDES & de TRITONS.

*Vents furieux, tyrans des airs,*
*Demeurez enchaînez dans vos prisons profondes;*
*Ne troublez point nos doux concerts;*
*Regnez charmants Zephirs, regnez seuls sur les Mers,*
*Agitez lentement les Ondes.*

VENUS paroît dans son Char, & descend tres-lentement.

## NEPTUNE.

*Venus paroît, sa divine présence*
*Nous fait déja sentir cette douce puissance,*
*Qui soûmet & charme les cœurs.*
*N'opposons point à ses attraits vainqueurs*
*Une inutile resistance:*
*Cedons à la douce puissance,*
*Qui soûmet & charme les cœurs.*

## CHOEUR.

*Cedons à la douce puissance,*
*Qui soûmet & charme les cœurs.*

## SCENE SECONDE.

NEPTUNE, VENUS descenduë, & les Acteurs de la Scene precedente.

### VENUS.

DAns les campagnes de Phrygie,
L'audacieux Roy d'Etolie
Diomede, osa m'outrager :
Je dois & je veux m'en vanger.
Il veut tenter d'aborder à Cythere,
D'y faire un sacrifice il ose se flater,
Son hommage, bien loin d'appaiser ma colere,
Ne fait que l'irriter.
J'implore, Dieu des mers, ta suprême puissance,
Traverse le dessein de ce Prince odieux.
Que ses vaisseaux perissent à mes yeux
Qu'ils soient tous engloutis dans ton empire immense ;
Et par une affreuse vangeance,
Apprenons aux Mortels à respecter les Dieux.

### NEPTUNE.

Un fier couroux dans vos yeux étincelle,
Il altere cette douceur,
Dont le charme vainqueur
Ne trouva jamais de rebelle.
Malgré ce fier couroux vous n'êtes pas moins belle,
Et j'en ay pour garands, & mes yeux & mon cœur.

## DIOMEDE.
### VENUS.

*Ah ! vous flatez mon esperance....*

### NEPTUNE.

*Je fais gloire en ce jour de mon obeïssance.*
*Mais que peut souhaiter encor vôtre fureur ?*
 *Une ardeur criminelle,*
 *De ce Prince embraze le cœur,*
 *Vous le forcez d'aimer sa sœur ;*
 *Quelle vangeance est plus cruelle ?*

### VENUS.

 *Cet amour peut le rendre heureux,*
*Ce n'est pas mon pouvoir, c'est la beauté d'Iphise*
 *Qui fist naître les feux*
 *Dont ils brûlent tous deux,*
 *Et que l'innocence autorise.*

*Diomede cedant à ce charme vainqueur,*
 *Qui malgré luy, vers Iphise l'entraîne,*
*N'offense point les Dieux, elle n'est pas sa sœur.*
*L'erreur qui le seduit, l'erreur qui fait sa peine*
 *Peut finir aujourd'huy ;*
 *Si vous ne secondez ma haine,*
 *Je ne puis me vanger de luy.*

On entend une Symphonie.

## TRAGEDIE.
### NEPTUNE.

Déja les Matelots s'approchent du rivage,
Et le Prince qui vous outrage
Va bien-tôt s'y rendre aprés eux ;
Venez Déesse aimable,
Venez être témoin du châtiment affreux,
Dont je veux punir le coupable.

NEPTUNE, VENUS, les NEREYDES & les TRITONS entrent dans la Mer.

## SCENE TROISIÉME.

Troupe de MATELOTS, de MATELOTTES,
& les Compagnons de DIOMEDE.

### UN MATELOT & une MATELOTTE.

*Embarquons-nous pour aller à Cythere.*
### LE CHOEUR.
*Embarquons-nous pour aller à Cythere,*
*L'Amour est l'astre qui nous luit.*
### LE MATELOT & la MATELOTTE.
*Et l'esperance nous conduit.*
### LE CHOEUR.
*Ne craignons point de vent contraire.*
### LE MATELOT & la MATELOTTE.
*Embarquons-nous pour aller à Cythere.*
### LE CHOEUR.
*Embarquons-nous pour aller à Cythere.*

*On danse.*

### UN MATELOT & une MATELOTTE.
*Brillante Jeunesse,*
*La saison vous presse,*
*Venez dans l'empire amoureux.*
*Une aimable Déesse,*
*De vôtre tendresse*
*Y doit combler les vœux.*

*Que*

# TRAGEDIE.

Que vous sert-il d'attendre ?
Peut-on trop-tôt se rendre,
Où l'on doit être heureux.

*On danse.*

## UN MATELOT.

Le peril de l'embarquement
   Est un peril charmant,
Lorsque l'Amour est du voyage;
Des Pilotes, c'est le plus sage,
Des vents impetueux il ne craint point l'effort;
Il évite l'écüeil, il conjure l'orage,
   Et nous conduit au Port.

*On danse.*

## UNE MATELOTTE.

Le Matelot à qui l'orage
Ne fait point perdre le courage,
Malgré les vents arrive au Port.

Ainsi l'Amant qui persevere
A servir un objet severe,
Joüit enfin d'un heureux sort.

## SCENE QUATRIÉME.

DIOMEDE, IDAS, & les Acteurs de la Scene précédente.

#### DIOMEDE, à IDAS.

REtourne auprés de la Princeſſe,
De mon retour entretien-là ſans ceſſe,
Par cet eſpoir adouci ſa douleur.
Que ton attachement, cher Idas, pour le frere,
Soit encor plus fort pour la ſœur.

#### LE CHOEUR.

Embarquons-nous pour aller à Cythere.

## SCENE CINQUIÉME.

NEPTUNE & VENUS paroiſſent dans la Mer. Les Acteurs de la Scene précédente reſtent toûjours ſur le Theatre.

#### VENUS, à DIOMEDE.

NOn, ne te flates pas d'aborder à Cythere ;
Non, ne te flates pas de braver mon pouvoir :
Tremble, tout ce que tu vas voir
N'eſt qu'un eſſay de ma colere.

## TRAGEDIE.
### VENUS & NEPTUNE.
*Fiers Aquilons, brisez vos chaînes,*
*Soûlevez les flots jusqu'aux cieux,*
*Faites que ces vaisseaux perissent à nos yeux ;*
*Faites regner l'horreur sur les humides plaines.*
*Fiers Aquilons, brisez vos chaînes,*
*Soûlevez les flots jusqu'aux cieux.*

Les Vents volent de toutes parts, le Theatre s'obscurcit ; on entend le tonnere, les éclairs brillent, il s'éleve une tempête qui jette les Vaisseaux à la cotte, & les brise.

### CHOEUR de MATELOTS.
*Quel bruit soudain ? Quel affreux sifflement !*
*Ah ! quel mugissement !*
*Sauvons-nous des fureurs de l'Onde,*
*L'astre du jour se voile dans les cieux,*
*La foudre gronde,*
*Fuyons la colere des Dieux.*

LES MATELOTS fuyent, DIOMEDE reste avec quelques-uns de ses Compagnons.

VENUS, aux Compagnons de DIOMEDE.
*Vous, que trop d'amitié pour ce Prince coupable*
*Rend aussi criminels que luy,*
*Eprouvez aujourd'huy*
*Les funestes effets de ma haine implacable.*

Les Compagnons de DIOMEDE sont métamorphosez en Oyseaux & en Monstres, ces derniers se precipitent dans la Mer ; VENUS & NEPTUNE y rentrent, & la Tempête finit.

C ij

## SCENE SIXIE'ME.

### DIOMEDE.

POur assouvir vôtre fureur,
 Barbares Dieux, que vous faut-il encore ?
 Frapez, frapez, ce triste cœur,
Où vous avez fait naître une ardeur que j'abhore,
 Je merite seul tous vos coups.
Pourquoy ne suis-je pas vôtre seule victime ?
  Mes Amis ont-ils part au crime
  Qui vous enflâme de couroux ?

  Vous croyez me laissant la vie,
  Rendre mon sort plus rigoureux :
  La douleur me l'auroit ravie ;
Mais elle est attachée à de funestes feux.
 Qu'osay-je dire ? Ah ! Malheureux !
  Etouffe un desir trop coupable ;
D'une tendre amitié, va remplir le devoir,
Assûre le destin d'une Princesse aimable,
Et cessant d'implorer le Ciel impitoyable,
  N'écoûte que le desespoir.

## FIN DU SECOND ACTE.

# ACTE TROISIEME.

Le Theatre repréſente une Campagne coupée par des collines : On voit au fonds un Hameau.

## SCENE PREMIERE.

### DIOMEDE, IPHISE.

#### IPHISE.

Ous abandonnieʒ vôtre ſœur ?
Quoy ! vous l'abandonniez à ſa vive dou-
   leur ?
   Eſt-ce le prix de cette amitié tendre
Qui m'a fait, pour vous ſuivre, affronter les dangers ?
   Sur ces bords étrangers
A tant de cruauté, devois-je, helas ! m'attendre ?

## DIOMEDE,
#### DIOMEDE.

Avec trop de raison vous pouvez m'accuser:
De vous abandonner vous me croyez capable.
  Si j'osois vous désabuser,
  Que vous me trouveriez coupable!

#### IPHISE.

  Eh quoy! vous pouvez me celer
  Ce qui peut causer vôtre peine?

#### DIOMEDE.
  Puis-je vous reveler
Ce qui me doit attirer vôtre haine?

#### IPHISE.
Je pourrois vous haïr!

#### DIOMEDE.
     Iphise, croyez-moy,
N'approfondissez point un odieux mistere;
A son sort malheureux abandonnez un frere,
Daunus revient.... Daunus digne de vôtre foy,
Merite qu'en ce jour....quelle crainte! quel trouble
S'empare...

#### IPHISE.

 Helas! le mien à chaque instant redouble,
Expliquez-vous.

#### DIOMEDE.
    Princesse, je ne puis,
Je ne dois point augmenter vos ennuis.

## TRAGEDIE.
### IPHISE.

Soyez touché de mes allarmes.

### DIOMEDE.

Ah ! que mon cœur n'est-il insensible à vos larmes !
O toy, qui fus jadis favorable à mes vœux,
Minerve, en me sauvant des écüeils de Caphrée,
N'as-tu donc prolongé ma triste destinée,
   Que pour me voir plus malheureux ?
Que ne me laissois-tu devenir la victime
   Des vents & des flots orageux ?
Mon cœur n'étoit alors coupable d'aucun crime.

Adieu, Princesse, adieu.

### IPHISE.

     Je ne vous quitte pas.
Parlez Cruel, ce silence m'outrage.

### DIOMEDE.

Vous m'y forcez ! eh-bien, en quittant ce rivage...
Malheureux que je suis ! Que vais-je dire ? helas !

## SCENE SECONDE.

### DIOMEDE, IPHISE, IDAS.

#### IDAS.

LEs drapeaux de Daunus paroissent dans la plaine;
Ce Prince va bien-tôt se montrer à vos yeux.

#### DIOMEDE.
*à part.*

Est-ce vôtre bonté, Dieux! Est-ce vôtre haine,
Qui le rappelle dans ces lieux?

*Parlant à la Princesse.*

Recevez ce Heros, recompensez sa flame;
Puisse vôtre felicité
Chere Iphise, rendre à mon ame
Sa premiere tranquilité.

DIOMEDE sort avec IDAS.

## SCENE III.

## SCENE TROISIÉME.

### IPHISE.

IL s'éloigne, & mes pleurs ne peuvent l'arrêter?
Ciel! quel est ton malheur, déplorable Princesse?
Bien loin de soulager sa mortelle tristesse,
Tes soins, tes tendres soins ne font que l'augmenter.
De quel trouble nouveau, mon ame est-elle atteinte?
      Quoy! je redoute le retour
D'un Prince dont je dois recompenser l'amour!
      D'où peut me venir cette crainte?
Je n'ose penetrer jusqu'au fonds de mon cœur.
Je tremble d'y trouver.... Quoy! la vive douleur,
Que la pitié produit, pourroit-elle être un crime?
      Non, elle est legitime.

Diomede est mon frere, ah! puis-je trop l'aimer?
      L'innocence en secret m'assûre,
      Qu'une amitié si pure
      Ne doit point m'allarmer.

## SCENE QUATRIÉME.
### IPHISE, DIONE.
#### DIONE.

Le bruit qui de ces bois interrompt le silence,
Nous apprend que Daunus s'avance.

## SCENE CINQUIÉME.
### DAUNUS, IPHISE, DIONE, Troupe de Guerriers de la suite de DAUNUS.

#### DAUNUS.

Le Ciel remplit mes souhaits les plus doux,
Je me revois enfin Princesse, auprés de vous.

Dans une si cruelle absence,
Si j'ay goûté quelques plaisirs,
Je ne les ay dûs qu'aux soûpirs
Qu'arrachoit à mon cœur ma tendre impatience.

#### IPHISE.

La gloire fait naître une ardeur
A qui nul autre n'est égale,
Les vives beautez qu'elle étale,
D'un Héros enchantent le cœur,
Et cette orgüeilleuse rivale
En banit la tendre langueur.

## TRAGEDIE
### DAUNUS.

*Connoissez-mieux le pouvoir de vos charmes.*
*Lorsque j'ay cherché par les armes,*
*A me faire un sort glorieux ;*
*C'étoit pour meriter un regard de vos yeux.*

### IPHISE.

*Non, l'éclat qu'a sur vous répandu la victoire*
*Ne sçauroit rien devoir à mes foibles appas,*
*Et vous étiez déja couronné par la gloire,*
*Que vous ne les connoissiez pas.*

### DAUNUS.

*Il m'est doux que vôtre estime*
*Soit le prix de ma valeur ;*
*Mais à l'amour qui m'anime,*
*Je veux devoir vôtre cœur.*

### IPHISE.

*Les Habitans de ces montagnes,*
*Et les Bergers de ces campagnes*
*Viennent de toutes parts,*
*Leurs empressez regards*
*Sont le premier hommage*
*Qu'ils rendent à vôtre courage.*

## SCENE SIXIÉME.

### DAUNUS, IPHISE, DIONE, & les Guerriers.

Troupes d'Habitans des Montagnes, de Bergers & de Paftres.

#### CHOEUR.

*CHantons un Roy victorieux.*

#### DAUNUS.

*Si vous voulez me marquer vôtre zele,*
*Celebrez dans ces lieux*
*Le pouvoir des beaux yeux*
*Pour qui je veux brûler d'une ardeur éternelle.*

#### CHOEUR.

*Célebrons la beauté,*
*Dont ce Heros est enchanté.*
*Que l'aimable Dieu de Cythere,*
*De ce Prince exauce les vœux;*
*Qu'il répande ce charme heureux,*
*Qui ne manque jamais de plaire;*
*Qu'il le couronne enfin de mirthes amoureux.*

# TRAGEDIE,

## DAUNUS.

*Eclatez bruyantes trompettes,*
*De nos Guerriers celebrez la valeur.*
*Repondez charmantes muzettes,*
*Par vos plus tendres sons exprimez mon ardeur.*
*La brillante victoire*
*Ramene les plaisirs dans cet heureux séjour.*

*Trompettes, chantez la gloire.*
*Muzettes, chantez l'amour.*

*On danse.*

## UNE PERSONNE DE LA FESTE.

*Le jeune Amour, le volage Zephire*
*Volent au devant de vos pas,*
*Ces Dieux charmez de vos appas,*
*Ont fixé prés de vous leur inconstant empire.*

*Que Flore, que Psiché viennent dans ces climats*
*Pour regagner le cœur de ces Dieux infidelles:*
*En vous voyant, ces Immortelles*
*Rougiront, belle Iphise, & ne se plaindront pas.*

*Le jeune Amour, le volage Zephire*
*Volent au devant de vos pas,*
*Ces Dieux charmez de vos appas,*
*Ont fixé prés de vous leur inconstant empire.*

## DIOMEDE,
### LA MESME.

*L'amour & l'innocence*
*Regnent dans nôtre cœur,*
*De leur intelligence*
*Nous goûtons la douceur :*
*La flateuse esperance*
*Soûtient nôtre langueur,*
*Et la seule constance*
*Couronne nôtre ardeur.*

On danse.

### CHOEUR.

*Celebrons la beauté,*
*Dont ce Heros est enchante.*

# TRAGEDIE.

## SCENE SEPTIÉME.
### DAUNUS, IPHISE, DIONE.

#### DAUNUS.

PRinceſſe, à quoy dois-je m'attendre?
L'aveu d'un frere autoriſe mes feux,
Vos yeux daigneront-ils m'aprendre
Si je dois être heureux?

#### IPHISE.

Je ſçay ce que je dois à vôtre ardeur fidelle,
Et la gloire parle pour vous;
Mais du Ciel le fatal couroux
Contre mon frere encor ſe renouvelle.

Depuis vôtre départ, ce Prince infortuné,
Accablé de chagrin, cherche la ſolitude,
Et par un ſilence obſtiné
Il nous cache d'où part ſa ſombre inquietude.
Seigneur, vous connoiſſez mon amitié pour luy:
Puis-je répondre à vôtre flâme,
Si je ne vois finir l'ennuy
Qui dévore ſon ame.

DIOMEDE,

DAUNUS.

Non, je ne puis blâmer ce tendre attachement,
Lorsque je vois vôtre ame à la pitié sensible ;
    Helas ! quel seroit mon tourment
    Iphise, s'il étoit possible,
Que vous n'en eussiez point pour un fidelle Amant.

Cherchons le Roy : allons, belle Princesse,
Nos soins dissiperont la douleur qui le presse,
    Et j'espere que sa bonté
Avancera l'instant de ma felicité.

FIN DU TROISIEME ACTE.

ACTE IV.

# ACTE QUATRIÉME.
Le Theatre repréſente les Jardins du Palais de DIOMEDE.

## SCENE PREMIERE.
### DAUNUS, ARBATE.
#### DAUNUS.

Non, ton cœur n'eſt point aſſez tendre,
Pour concevoir les maux que je ſouffre en ce jour.
Quand on ne connoît point l'amour,
Aux peines d'un Amant, quelle part peut-on prendre!
Mais un Rival plus fortuné
A peut-être rendu mon Ingrate ſenſible?
Grands Dieux! m'auriez-vous deſtiné
A ce tourment terrible?

E

DIOMEDE,

ARBATE.

Seigneur, ce mouvement jaloux
Offense la Princesse ;
Craignez d'exciter son couroux,
Quand vous voulez meriter sa tendresse.
Pour bannir ce soupçon, faites un noble effort.

DAUNUS.

Je veux m'éclaircir de mon sort,
Je ne sçaurois plus me contraindre,
Et dûssay-je éprouver les plus cruels ennuis,
Dans le triste état où je suis,
Arbate, j'aime autant les souffrir, que les craindre.
Elle paroît, cachons-nous à ses yeux.
A la faveur de ce feüillage,
Découvrons, s'il se peut, la raison qui l'engage
A venir rêver en ces lieux.

## SCENE SECONDE.
### IPHISE.

Mouvements inconnus, que voulez-vous m'apprendre ?
Ah ! je ne veux pas vous entendre.
Un Roy puissant, un Roy victorieux
M'offre en vain la grandeur suprême,
Son tendre amour, son diadême,
Ne touche point mon cœur, n'éblouït point mes yeux.
Mouvements inconnus, que voulez-vous m'apprendre ?
Ah ! je ne veux pas vous entendre.
Tout me parle de ce Vainqueur ;
Mais quand la gloire, & la reconnoissance
M'entretiennent de sa langueur,
Quelle est l'invincible puissance
Qui me défend de luy donner mon cœur ?
Mouvements inconnus, que voulez-vous m'apprendre ?
Ah ! je ne veux pas vous entendre.
Deviendrois-je l'objet du couroux de Venus ?
D'une secrete ardeur serois-je la victime ?
Triomphe-t'elle de l'estime
Que je dois avoir pour Daunus ?

## SCENE TROISIÉME.

### DAUNUS, IPHISE.

#### DAUNUS.

Qu'ay-je entendu ? grands Dieux ! quoy ! cruelle Princesse,
Vôtre cœur pour un autre, a senti la tendresse
Que meritoient mes tendres feux ?
Quel est-il ce Rival heureux ?
Qu'en le sacrifiant à ma juste colere,
Je vange mon amour, je vange vôtre frere.

#### IPHISE.

Mon frere !

#### DAUNUS.

Vous trembliez Ingrate, pour ses jours ;
Sous les dehors d'une amitié trop pure
Vous nous cachiez de perfides amours.

#### IPHISE.

Seigneur, vous m'offensez.

#### DAUNUS.

C'est vous faire une injure,
Que d'avoir découvert vôtre secret tourment ?
Malheureux, & credule Amant !
Une odieuse préference
Devient le prix de ta constance.

*Mais pour adoucir ma douleur*
*Une esperance encor me reste,*
*Diomede sensible à mon destin funeste,*
*Servira ma juste fureur*
*Contre un Rival, contre une Sœur.*

### IPHISE.

*Vous croyez pénétrer des secrets que j'ignore,*
*Et que je veux à jamais ignorer.*

### DAUNUS.

*Barbare! pouvez-vous dissimuler encore?*
*Vous venez de vous declarer.*

### IPHISE.

*De ce discours la suite est offensante;*
*Avez-vous crû qu'une voix menaçante*
*Feroit naître en mon cœur de tendres sentiments?*
*Vous ne meritez pas que je me justifie,*
*Je laisse à vôtre jalousie*
*Le soin de me vanger de vos emportements.*

## SCENE QUATRIÉME.

### DAUNUS, DIOMEDE.

#### DAUNUS.

AH Seigneur ! apprenez l'excés de mon malheur :
D'un Rival inconnu la fatale tendresse
A triomphé du cœur de la Princesse.

#### DIOMEDE.

O Ciel ! que dites-vous ?

#### DAUNUS.

Jugez de ma douleur ;
Vous connoissez le feu qui me dévore,
Et pour comble de maux, j'ignore
Qui me ravit son cœur.

#### DIOMEDE.

Mais, sur quel fondement avez vous crû qu'Iphise...

#### DAUNUS.

Dans ces jardins je l'ay surprise,
Elle s'entretenoit de la secrete ardeur
Qui s'oppose à mon bonheur.

Une vive douleur m'a trop-tôt fait paroître,
Helas! de mes transports pouvois-je être le maître?
    Je me suis plaint du mépris de mes feux,
Vains, & foibles secours pour toucher une Ingrate!
    Mon affreuse douleur la flâte:
Peut-être en ce moment à mon Rival heureux,
Elle conte les maux dont sa rigueur m'accable?
    Grands Dieux! suis-je assez miserable?

### DIOMEDE

Je partage vos maux, & le trouble où je suis
    En est la preuve trop certaine;
Vôtre malheur irrite mes ennuis...

### DAUNUS.

    Vous pouvez soûlager ma peine
    En servant mon juste couroux.

### DIOMEDE.

Ce Rival ne m'est pas moins odieux qu'à vous.
Quand ce seroit Agmon, dont le ferme courage
    Soûtient la splendeur de son sang,
J'oublirois ses vertus, ses services, son rang,
    Pour le punir d'un amour qui m'outrage.

### DAUNUS.

Ah Seigneur! ce transport adoucit mon tourment.

DIOMEDE,

### DIOMEDE.

*Je vais éclaircir ce miſtere.*
*L'intereſt de l'Amant,*
*Et l'intereſt du Frere*
*Le demandent également.*

DIOMEDE ſort.

### DAUNUS.

*Allons où le couroux m'appelle.*
*Mais! qu'eſt-ce que j'entens? quelle eſt cette Immortelle?*
*Viendroit-elle au ſecours d'un Prince malheureux?*

SCENE V.

## SCENE CINQUIÉME.

### VENUS, DAUNUS.

#### VENUS.

N'En doute point, Venus favorise tes feux.
Connois-tu le Rival qu'Iphise te préfere?

#### DAUNUS.

Si je l'avois connu ce Rival témeraire,
Mon bras l'auroit privé du jour.

#### VENUS.

C'est Diomede.

#### DAUNUS.

Dieux! Diomede! son frere!

#### VENUS.

Ecoute encor, leur mutuel amour
Peut être heureux, sans leur coûter un crime.

#### DAUNUS.

Du frere pour la sœur l'ardeur est legitime?

#### VENUS.

Il est né de Tidée, elle de Stenelus.

#### DAUNUS.

Un sang different les anime....
Ah! que m'apprenez-vous? ah! malheureux Daunus!

F

## VENUS.

Ton Rival ne sçait point le sort de la Princesse ;
Mais, je crains que bien-tôt il ne l'ignore plus.

## DAUNUS.

Eh quoy ! se peut-il que la Grece...

## VENUS.

La Grece est dans l'erreur, crois-en une Déesse.
Je pourrois dévoiler ce mistere à tes yeux ;
   Mais Daunus, le temps presse,
   Enleve Iphise de ces lieux.
Fai luy quitter ce rivage funeste
   Où tout est contraire à tes feux.
Arrache-là des bras de ton Rival heureux,
Tes soins, & mon pouvoir acheveront le reste.

## DAUNUS.

Ah ! mon jaloux transport répond à ce dessein ;
Je cours l'executer : si l'Ingrat qui m'offense
  Ose me faire resistance,
  Ce fer luy percera le sein.

## VENUS.

  Pour seconder la noble audace
  Que tu fais briller à mes yeux,
  Reçoi le secours glorieux
  Que t'offre le Dieu de la Thrace.

## TRAGEDIE.

*Fiere Bellonne, accourez à ma voix,*
*Mars vous a soûmise à mes loix.*

*Amenez en ces lieux la Discorde cruelle,*
*Amenez la pâle Terreur,*
*Et l'impitoyable Fureur;*
*C'est Venus qui vous appelle.*

*Fiere Bellonne, accourez à ma voix,*
*Mars vous a soûmise à mes loix.*

BELLONNE traverse les airs, elle entre sur la Scene, suivie d'une Troupe de GUERRIERS, la Discorde, la Terreur & la Fureur sortent du centre de la Terre.

### VENUS.

*De cet Amant remplissez les desirs.*
*Pour enlever l'Objet de ses soûpirs,*
*Répandez, s'il le faut, le sang d'un Témeraire,*
*Qui s'est attiré ma colere.*

### BELLONNE, aux GUERRIERS.

*Animez-vous d'une nouvelle ardeur,*
*Rendez à la pitié vos cœurs inaccessibles:*
*Par les efforts les plus terribles*
*Faites de ces climats un theatre d'horreur.*

## DIOMEDE,

### CHOEUR.

*Animons-nous d'une nouvelle ardeur,*
*Rendons à la pitié nos cœurs inaccessibles:*
*Par les efforts les plus terribles,*
*Faisons de ces climats un theatre d'horreur.*

**La Discorde, la Terreur & la Fureur par des danses vives, animent les GUERRIERS.**

### VENUS à DAUNUS.

*C'est meriter l'offense,*
*Que de trop long-temps la souffrir,*
*Va, cour à la vengeance.*

### DAUNUS.

*Je vais la hâter, ou perir.*

DAUNUS sort, suivi des Guerriers.

### VENUS.

*Tu ne peux Diomede, échaper à ma haine,*
*De ton orgüeil reçoi la peine.*
*Mais Minerve descend des Cieux:*
*Qui peut l'attirer dans ces lieux?*

## SCENE SIXIÉME.
### MINERVE, VENUS.
#### MINERVE.
JE viens vous reprocher Déeſſe de Cythere,
Vôtre injuſte colere
Contre un Roy, qui des Roys eſt le plus glorieux.
#### VENUS.
Vous protegez ce Prince audacieux?
#### MINERVE.
Je ne me ſers de ma puiſſance
Que pour proteger l'innocence.
#### VENUS.
Peut-on être innocent, & s'attaquer aux Dieux?
#### MINERVE.
Son crime fût involontaire,
Et ſon repentir eſt ſincere.

Vous avez de la Grece éloigné ce Heros,
Triſte joüet, & des vents, & des flots,
Suivy ſeulement de la gloire,
Il a paſſé dans ces climats.
Lorſque la brillante victoire
Luy donne de nouveaux Etats,
Faut-il que vôtre haine encor ſe renouvelle?
#### VENUS.
Non, il doit expier l'audace criminelle,
Qu'il eût de m'oppoſer ſon bras.

DIOMEDE,

MINERVE.

*Oubliez vôtre vengeance,*
*Rappellez vôtre bonté ;*
*Sçavoir mieux pardonner que punir une offense*
*Fait la grandeur de la divinité.*

## VENUS.

*Quoy ! j'immolerois ma colere ?*
*Ah ! devois-je vous écouter ?*

## MINERVE.

*Lorsque l'on peut la satisfaire,*
*Qu'il est beau de la surmonter !*

## VENUS.

*Laissons à la victoire*
*A décider du sort de ces Rivaux.*
*Si Diomede vient couronné par la gloire ;*
*Du Stix j'atteste l'onde noire,*
*De ne plus le livrer à des dangers nouveaux.*

FIN DU QUATRIE'ME ACTE.

# ACTE CINQUIÉME.

Le Theatre représente le Palais de DIOMEDE.

## SCENE PREMIÉRE.

### DIOMEDE.

A vertu, la raison alloient finir mes peines,
L'aimable liberté revenoit dans mon cœur,
  Quand la jalousie en fureur
 A renoüé mes criminelles chaînes.
Je sens à chaque instant mes soupçons s'augmenter,
Je suis jaloux! Iphise est l'objet que j'adore.
Ah! quel aveu! grands Dieux! pouvez-vous l'ecoûter?
Quoy! la foudre permet que je respire encore?
  Que faut-il pour la meriter?
 Elle paroît cette Princesse aimable,
 En l'adorant, peut-on être coupable.

## SCENE SECONDE.
### DIOMEDE, IPHISE.
#### DIOMEDE.

LOrsque vous refusiez l'hommage de Daunus,
Je me plaignois a tort de vôtre indifference.
D'un autre amour vous sentiez la puissance,
C'est de ce feu secret d'où partoient vos refus.

#### IPHISE.
Moy, Seigneur! j'aimerois?
#### DIOMEDE.
Ce doute m'en assûre ;
Il augmente en mon cœur la peine que j'endure.
#### IPHISE.
A la seule amitié le mien peut s'immoler :
Quand vôtre ame est en proye aux plus vives allarmes,
Mes yeux se remplissent de larmes,
Vôtre seul interest peut les faire couler.
#### DIOMEDE.
Daunus se plaint.....
#### IPHISE.
Je puis craindre son hymenée,
Sans brûler d'une ardeur que vous puissiez blâmer.
Je sens que ma destinée
Ne me permet pas d'aimer.

*Seigneur,*

## TRAGEDIE.

*Seigneur, que rien ne nous separe:*
*J'adouciray vos maux, en soûlageant les miens.*

### DIOMEDE.

*Le Ciel nous unissant par de si forts liens,*
*Helas! ne fut-il point barbare?*

### IPHISE.

*Que dites-vous?*

### DIOMEDE.

*Princesse, je m'égare.*

## SCENE TROISIE'ME.

DIOMEDE, IPHISE, DIONE.

#### DIONE.

SEigneur, le Roy des Dauniens
A mis Argypire en allarmes,
Il luy fait ressentir la fureur de ses armes.

#### DIOMEDE & IPHISE.

Dione ! que di-tu ?

#### DIONE.

Tout cede à son effort.
Nos Grecs sont immolez, il est maître du fort ;
Ce Palais va bien-tôt éprouver sa furie.

#### DIOMEDE.

Je puniray sa perfidie....
Punir Daunus ! ce Prince genereux,
Qui sur ces bords a prévenu mes vœux :
La reconnoissance en murmure,
Dois-je être ingrat quand il devient parjure ?
Princesse, restez en ces lieux,
Je remets vôtre sort entre les mains des Dieux.

# TRAGEDIE.

## SCENE QUATRIE'ME.
### IPHISE, DIONE.

#### IPHISE.

Suivons, Dione.

#### DIONE.

Eh! que voulez-vous faire?

#### IPHISE.

Mourir avec mon frere.

#### DIONE.

Pourquoy, vous livrez-vous à l'affreux desespoir?
Vos maux ne sont pas sans remede.
Pallas protege Diomede,
Esperez tout de son pouvoir.

#### IPHISE, & DIONE.

Sage fille du Dieu qui fait trembler le monde,
Accorde ton secours au plus grand des mortels.
Tu l'as déja sauvé des abîmes de l'onde :
Qu'en ce jour malheureux ta puissance confonde
De ses fiers ennemis les projets criminels.
Sage fille du Dieu qui fait trembler le monde,
Accorde ton secours au plus grand des mortels.

G ij

## DIOMEDE,
### DIONE.
Esperez que le Ciel....
### IPHISE.
Que j'espere ? Dione !
De tous côtez le peril m'environne,
Je souffre plus de maux que tu ne peux penser.

### DIONE.
La flateuse esperance
Des plus vives douleurs calme la violence :
Jamais à son secours on ne doit renoncer.

### IPHISE.
Ah ! quelle affreuse image
Vient fraper mes esprits ? quel funeste présage ?
Je vois mon frere mort, Daunus victorieux,
La main fumante encor d'un sang si précieux ;
Le barbare pretend que l'Hymen nous engage
Par les nœuds les plus odieux.

Bruit de Guerre.
### IPHISE & DIONE.
Mais ! quels bruits éclatans penetrent en ces lieux ?
### IDAS entre.
Diomede est vainqueur, tout cede à son courage,
Rendez graces aux Dieux.
### TOUS TROIS.
Rendons graces aux Dieux.

## SCENE CINQUIE'ME.
DIOMEDE, IPHISE, DIONE, IDAS,
Troupe de GUERRIERS.

#### DIOMEDE.
Epargnez les vaincus, que chacun se retire.
DIONE, IDAS, & les GUERRIERS se retirent.
#### IPHISE.
Seigneur, enfin le Ciel a calmé mes douleurs.
#### DIOMEDE.
Dans ce moment Daunus expire.
#### IPHISE.
Il s'est attiré ses malheurs,
Il en vouloit à vôtre vie.
#### DIOMEDE.
Il l'attaquoit avec furie,
On voyoit dans ses yeux un desespoir affreux.
#### IPHISE.
D'où pouvoit naître tant d'audace?
#### DIOMEDE.
Iphise, il étoit amoureux.
Il vous croyoit sensible à d'autres feux,
Je conçois les horreurs d'une telle disgrace.

DIOMEDE,
IPHISE.

*Quoy ! Seigneur, mes foibles appas*
*Auroient porté ce Prince....*

DIOMEDE.

*Helas !*
*Vous ignorez jusqu'où va leur puissance.*
*Pour cacher ce secret je ne fais plus d'effort,*
*Et prest à terminer mon sort,*
*Je ne puis m'empescher de rompre le silence.*
*J'attire sur ces bords le celeste couroux ;*
*Il ne peut trop punir le crime détestable,*
*Dont je me sens coupable,*
*D'un odieux amour, mon cœur brûle pour vous.*
*Cet aveu témeraire*
*Va vous forcer à détester un frere.*

IPHISE.

*Helas !*

DIOMEDE.

*Pourquoy verser des pleurs ?*
*Vous devez me haïr.*

IPHISE.

*Helas ! le puis-je faire ?*
*Des Dieux, ainsi que vous, j'éprouve la colere,*
*Mon cœur est embrasé par les mêmes ardeurs*
*Qui causent vos malheurs.*

# TRAGEDIE.
### DIOMEDE.

*Venus, tu mets enfin le comble à ta vengeance.*
*Fût-il jamais un destin plus affreux ?*
*Ce qui d'un autre Amant rendroit le sort heureux,*
*Augmente de mes maux encor la violence.*
*O Ciel ! je sçay ce que tu veux,*
*Il faut terminer mon supplice ;*
*Reçoi donc de mes jours le triste sacrifice.*

*Il veut se tuer.*

### IPHISE.

*Que faites-vous ? vivez, c'est à moy de mourir.*

### DIOMEDE.

*Cruelle ! quelle est vôtre envie,*
*C'est me condamner à souffrir,*
*Que de vouloir me conserver la vie.*

### IPHISE.

*Mes funestes appas causeroient vôtre mort ?*
*Helas ! n'ajoûtez point cette horreur à mon sort.*
*Mais, qu'est-ce que je vois ? quelle clarté nouvelle*
*Se répand dans les airs ? C'est Minerve,*

### DIOMEDE.

*Vient-elle*
*Me reprocher la honte de mes fers ?*

## SCENE SIXIÉME.
MINERVE, DIOMEDE, IPHISE.

#### MINERVE.
Quel est le desespoir dont ton ame est saisie ?
Il est indigne d'un heros.
La solide vertu resiste aux plus grands maux.
Je viens finir les tiens.

#### DIOMEDE.
Terminez donc ma vie.

#### MINERVE.
Accourez, accourez à mon commandement,
Peuples, soyez témoins d'un grand évenement.

SCENE VII.

## SCENE SEPTIE'ME,
### ET DERNIERE.
**MINERVE, DIOMEDE, IPHISE, IDAS, DIONE**, Troupe de Grecs, le Peuple d'Argypire.

MINERVE, à DIOMEDE, & à IPHISE.

*V*Otre flâme mutuelle,
Amants, n'est point criminelle.

DIOMEDE, & IPHISE.

Ciel !

MINERVE, à DIOMEDE.

Prince, connoi ton erreur.
La Princesse n'est point ta sœur.

DIOMEDE & IPHISE.

Ah ! que nous faites-vous entendre ?

MINERVE.

Ta Sœur finit son sort dans l'âge le plus tendre ;
La Reine qui craignoit le trouble en ses Etats,
Quand aux bords Phrygiens ton bras vangeoit la Grece,
De sa fille prit soin de cacher le trépas.

H

DIOMEDE, DIOMEDE & IPHISE.

*Grands Dieux!*

MINERVE.

Cette jeune Princesse
Etoit inconnuë à la Cour,
Celle dont elle tient le jour
Avoit suby la loy de la Parque ennemie,
La Reine luy donna la place de ta sœur ;
Quand tu revins en Etolie,
Du perfide Troyen vainqueur,
Une mort imprévûë avoit ravie ta Mere,
Qui seule te pouvoit éclaircir ce mistere.

DIOMEDE, à IPHISE.

*Iphise, se peut-il!..*

MINERVE.

Le sang dont elle sort
Ne cede en rien à celuy qui t'anime
Elle le tient d'un Guerrier magnanime,
Qui dans Troye embrazée a terminé son sort,
Stenelus fût son Pere.

DIOMEDE & IPHISE.

O Ciel! est-il possible
Qu'à nos malheurs vous deveniez sensible ?

## TRAGEDIE.

### MINERVE.

De Venus, j'ay pris soin d'appaiser le couroux,
Cessez d'en redouter les coups.

*Parlant à* DIOMEDE.

Perd le souvenir de tes peines,
Aime, c'est le destin des plus fameux Guerriers,
D'un mutuel amour les innocentes chaînes
Ne flétrissent point les lauriers.

MINERVE *remonte dans les Cieux.*

### DIOMEDE, & IPHISE.

Que ma chaîne a de charmes!
Vous regnez dans mon cœur.
Le plus parfait bonheur
Succede à mes allarmes.
Que ma chaîne a de charmes!
Vous regnez dans mon cœur.

### CHOEUR.

Que ce beau séjour retentisse
De mille concerts éclatants;
Qu'un heureux hymen vous unisse:
Que malgré la suite des temps,
Vôtre amour jamais ne finisse.

H ij

# DIOMEDE, TRAGEDIE.
## UNE PERSONNE DE LA FESTE.

*Triomphe Amour, de nôtre liberté,*
*La parfaite felicité*
*Ne se trouve que dans tes chaînes.*

*C'est par les craintes & les peines*
*Que tu ranimes nos desirs,*
*Tu fais attendre tes plaisirs,*
*Mais à la fin tu les amenes.*

*Triomphe Amour, de nôtre liberté,*
*La parfaite felicité*
*Ne se trouve que dans tes chaînes.*

## CHOEUR.

*Que ce beau séjour retentisse*
*De mille concerts éclatants ;*
*Qu'un heureux hymen vous unisse :*
*Que malgré la suite des temps,*
*Vôtre amour jamais ne finisse.*

### FIN DU CINQUIE'ME ET DERNIER ACTE.

---

## APPROBATION.

J'Ay lû, par ordre de Monseigneur le Chancelier, DIOMEDE, Tragedie, & j'ay cru que le Public en verroit l'impression avec plaisir. Fait à Paris ce     1710. DE FONTENELLE.

## PRIVILEGE GENERAL.

LOUIS PAR LA GRACE DE DIEU, ROY DE FRANCE ET DE NAVARRE: à nos amez & feaux Conseillers, les Gens tenant nos Cours de Parlement, Maîtres des Requêtes ordinaires de nôtre Hôtel, Grand Conseil, Prévôt de Paris, Baillifs, Senéchaux, leurs Lieutenants Civils, & autres nos Justiciers qu'il appartiendra; SALUT: Le Sieur GUYENET, nôtre Conseiller-Tresorier-General-Receveur & Payeur des Rentes de l'Hôtel de nôtre bonne Ville de Paris, Nous a fait remontrer qu'ayant obtenu de Nous le Privilege de faire representer les OPERA durant le temps de dix années, à compter du premier Mars 1709. Il auroit depuis acquis les Privileges que Nous avions cy devant accordez aux Sieurs de Francini, de Lully fils, & Ballard, pour l'impression desdits OPERA, lesquels il desireroit donner au Public, s'il Nous plaisoit luy accorder nos Lettres de Privilege sur ce necessaires. A CES CAUSES, desirant favorablement traiter l'Exposant, attendu les grandes dépenses qu'il convient faire, tant pour l'Impression que pour la Gravure en Taille-douce des Planches dont ce Livre sera orné. Nous luy avons permis & permettons par ces présentes de faire imprimer & graver les PAROLES, ET LA MUSIQUE DE TOUS LESDITS OPERA QUI ONT ETE', OU QUI SERONT REPRESENTEZ PAR L'ACADEMIE ROYALE DE MUSIQUE, tant separement, que conjointement, en telle forme, marge, caractere, nombre de Volumes, & de fois que bon luy semblera, & de les faire vendre & debiter par tout nôtre Royaume, pendant le temps de dix années consecutives, à compter du jour de la datte desdites présentes. FAISONS D'EFENSES à toutes personnes de quelque qualité & condition qu'elles puissent être, d'en introduire d'impression étrangere, dans aucun lieu de nôtre obeïssance; Et à tous Imprimeurs, Libraires, Graveurs, & autres, d'imprimer, faire Imprimer, vendre, faire vendre, debiter, ny contrefaire lesdites Impressions, Planches & Figures, en tout ny en partie, sans la permission expresse & par écrit dudit Sieur Exposant, ou de ceux qui auront Droit de luy, à peine de confiscation des Exemplaires contrefaits, de six mil livres d'amende contre chacun des contrevenants, dont un tiers à Nous, un tiers à l'Hôtel-Dieu de Paris, l'autre tiers audit Sieur Exposant, & de tous dépens, dommages & interests: à la charge que ces présentes seront Enregistrées tout au long sur le Registre de la Communauté des Imprimeurs & Libraires de Paris, & ce dans trois mois de la datte d'icelles; Que la Gravure & Impression desdits Opera, sera faite dans nôtre Royaume, & non ailleurs, en bon Papier & en beaux Caracteres conformement aux Reglements de la Librairie; & qu'avant que de les exposer en vente, il en sera mis deux Exemplaires dans nôtre Bibliotheque publique, un dans celle de nôtre Château du Louvre, & un dans celle de nôtre tres-cher & feal Chevalier Chancellier de France le Sieur Phelypeaux, Comte de Pontchartrain, Commandeur de nos Ordres; le tout à peine de nullité des présentes: du contenu desquelles, vous mandons & enjoignons de faire joüir ledit Sieur Exposant, ou ses Ayants cause, pleinement & paisiblement, sans souffrir qu'il leur soit fait aucun trouble ou empêchement. VOULONS que la copie desdites présentes, qui sera imprimée, au commencement ou à la fin desdits Opera, soit tenuë pour duëment signifiée, & qu'aux copies collationnées, par l'un de nos amez & feaux Conseillers & Secretaires, foy soit ajoûtée comme à l'Original. COMMANDONS au premier nôtre Huissier ou Sergent, de faire pour l'exécution d'icelles, tous Actes requis & necessaires, sans demander autre permission, & nonobstant Clameur de Haro, Charte Normande, & Lettres à ce contraires: CAR tel est nôtre plaisir. DONNE' à Paris le vingt-deuxiéme jour de Juin, l'An de grace 1709. Et de nôtre Regne, le soixante-septiéme. Par le ROY, en son Conseil. Signé, LE COMTE, avec Paraphe, & scellé.

J'ay cedé à Monsieur *Ballard*, seul Imprimeur du Roy pour la Musique, le présent Privilege, suivant le Traité fait avec luy le 19e. jour d'Avril 1709. A Paris ce 12. Juillet 1709. Signé, GUYENET.

*Registré sur le Registre* No. 2. *de la Communauté des Imprimeurs & Libraires de Paris*, page 461. No. 901. *& 902. conformément aux Reglements, & nottament à l'Arrest du Conseil du* 13. *Aoust* 1703. *A Paris*

# OPERA EN MUSIQUE,

### Que l'on trouve, aux prix marquez.

| | |
|---|---|
| Le Triomphe de l'Amour, *in fol. relié.* 14. liv. | Scylla *gravé.* in-4o. *relié.* 9. liv. |
| L'Ydille & la Grotte, *in-fol. relié.* 9 liv. | Omphale, *in-4o relié.* 8. liv. |
| Le Temple de la Paix, *in fol. relié.* 14. liv. | Medus, *Extrait*, brochure, in 4o. 2. liv. |
| Acis & Galatée, *in-fol. relié.* 14. liv. | Fragments, de M. DE LULLY. *in 4o. relié.* 8. liv. |
| Achile, *in-fol. relié* 12. liv. 10. f. | Tancrede, *in-4o. relié.* 8. liv. |
| Zéphire & Flore, *in-fol. relié.* 14. liv. | Ulysse, *in-4o. relié.* 8. liv. |
| Orphée, *in fol. relié.* 12. liv. 10. f. | Les Muses, *in-4o relié.* 8. liv. |
| Enée & Lavinie, *in-fol. relié.* 12. liv. 10. f. | Le Carnaval & la Folie, *gravé*, in-4o. rel. 9 liv. |
| Didon, *in-4o relié.* 6. liv. | Iphigénie, *Extrait*, brochure, in-4o. 2. liv. |
| Médée, *in-fol. relié.* 12. liv. 10. f. | Philomele, *in-4o relié.* 8. liv. |
| Céphale & Procris, *in-fol. relié.* 9. liv. | Alcione, *gravé*, *in-4o. relié.* 9. liv. |
| Circé, *in-fol. relié.* 12 liv. 10. f. | Cassandre, *in-fol. relié.* 12. liv. |
| Théagene, *in-4o. relié.* 4 liv. 12. f. | Polixene, *in-fol. relié.* 12. liv. |
| Les Amours de Momus, *in-4o. relié.* 6. liv. 8 f. | Bradamante, *in-4o. relié.* 8. liv. |
| B. des Saisons, 2. Ed *in-4o. relié.* 8. liv. | Hippodamie, *in-4o. relié.* 8. liv. |
| Ariadne & Bachus, *in-4o. relié.* 8. liv 4. f. | Semelé, *gravé*, *in-4o. relié.* 11. liv. 5. f. |
| La Naissance de Vénus, *in-4o relié.* 7. liv. | Méléagre, *in-4o relié.* 8. liv. |
| Vénus & Adonis, *in-4o. relié.* 8. liv. 4. f. | Diomede, *in 4o. relié.* 8. liv. |
| Aricie, *in-4o. relié.* 6 liv 8. f. | PROSERPINE, est reimprimé *in fol.* on le vend *relié.* 14. liv. |
| L'Europe Galante, 3. Ed. *in-4o. relié.* 8. l. 4. f. | |
| Issé, en 5. Actes, 2e. Edit. *in-4o. relié* 8 liv. | Les Opera d'ATYS, ALCESTE & PHAETON, sont *gravez in-fol.* on les vend *reliez*, chacun. 15. liv. |
| Les Festes Galantes, *in-4o. relié.* 8. l. 4. f. | |
| Le Carnaval de Venise, *in-4o. relié.* 8. l 4. f. | |
| Amadis de Grece, 2. Ed. *in-4o. relié.* 8. l. 4. f. | Le Recüeil des Airs ajoûtez à differents Opera, pendant les années 1708. & 1709. Se vend en une Partition, *brochée.* 3. liv. 10. f. |
| Marthesie, *in-4o relié.* 8. l. 4. f. | |
| Le Triomphe des Arts, *in-4o. relié.* 8. liv. | |
| Hesione, 2. Ed. *in-4o. relié.* 8. liv. | |
| Arethuse, *in-4o. relié.* 8. liv. | On vend le Catalogue général des Opera, 5. f. |

# OPERA.
### Rares, & non imprimez.

*Les Rares sont marquez d'un* r. *Et les autres n'ont point été imprimez.*

## Opera de Monsieur Lully.

| | |
|---|---|
| Fêtes de l'Amour & de Bachus. | Psiché. |
| Cadmus. | Bellerophon. r. |
| Thésée. r. | Persée r. |
| Le Carnav. M. | Amadis. r. |
| Isis. | Roland. r. |
| | Armide. r. |

## Opera de differents Auteurs.

| | |
|---|---|
| Thétis & P. r. | Méduse. |
| Coronis. | Canente. |
| Astrée. | Télémaque. |
| Alcide. | La Venitienne. |
| Jason. | Alcine. gr. r. |

www.ingramcontent.com/pod-product-compliance
Lightning Source LLC
LaVergne TN
LVHW051456090426
835512LV00010B/2180

9 782011 894434